A espiritualidade do
AMOR MISERICORDIOSO

Coleção Espiritualidade

- *Cura-me, Senhor, e serei curado!* – Frei Luiz Turra
- *Encontros com Maria* – Francisco Catão
- *A espiritualidade do Amor Misericordioso segundo Madre Esperança de Jesus* – Congregação do Amor Misericordioso
- *Jesus, o Mestre bom* – Tarcila Tommasi
- *Novena a Jesus Divino Mestre* – Tarcila Tommasi
- *Novena a Maria, Rainha dos Apóstolos* – Tarcila Tommasi
- *Novena a são Paulo* – Natália Maccari
- *Novena bíblica a são João Batista* – Walter Eduardo Lisboa
- *Novena bíblica a são José* – Matthias Grenzer
- *Ofício da Imaculada Conceição* – Celina Helena Weschenfelder (org.)
- *Rezando com o Apóstolo Paulo* – Maria Belém (org.)
- *Santa Bárbara, biografia e novena* – Tarcila Tommasi
- *Tríduo de orações com o Apóstolo Paulo* – Maria Belém (org.)

Congregação do Amor Misericordioso

A espiritualidade do AMOR MISERICORDIOSO

segundo Madre Esperança de Jesus

Dados Internacionais de Catalogação na Publicação (CIP)
(Câmara Brasileira do Livro, SP, Brasil)

Corpetti, Claudio
A espiritualidade do Amor Misericordioso segundo Madre Esperança de Jesus / Claudio Corpetti. – 1. ed. – São Paulo : Paulinas, 2011. – (Coleção espiritualidade)

ISBN 978-85-356-2835-7

1. Congregação das Servas do Amor Misericordioso 2. Congregação dos Filhos do Amor Misericordioso 3. Esperança de Jesus, Madre, 1893-1983 4. Espiritualidade 5. Religiosas – Biografia I. Título. II. Série.

11-06037 CDD-271.0092

Índice para catálogo sistemático:
1. Irmãs religiosas : Vida e obra 271.0092

Direção-geral: *Bernadete Boff*
Editora responsável: *Andreia Schweitzer*
Copidesque: *Ana Cecilia Mari*
Coordenação de revisão: *Marina Mendonça*
Revisão: *Mônica Elaine G. S. da Costa*
Assistente de arte: *Sandra Braga*
Gerente de produção: *Felício Calegaro Neto*
Capa e diagramação: *Manuel Rebelato Miramontes*

Paulinas

Rua Dona Inácia Uchoa, 62
04110-020 – São Paulo – SP (Brasil)
Tel.: (11) 2125-3500
http://www.paulinas.org.br – editora@paulinas.com.br
Telemarketing e SAC: 0800-7010081

Apresentação

Cara leitora, prezado leitor,

Este livro que você está começando a ler – *A espiritualidade do Amor Misericordioso segundo Madre Esperança de Jesus* –, é pequeno, mas muito valioso pelo seu rico conteúdo, como, em breve, poderá pessoalmente apreciar. Espero que se torne um companheiro de viagem e um amigo diário para sua leitura, oração e meditação, ao lado da Bíblia Sagrada.

O "Perfil biográfico", no início, em breves pinceladas apresenta alguns traços da longa vida (90 anos!), da prodigiosa obra e da rica e admirável personalidade da Madre Esperança de Jesus.

Popularmente apelidada de "freira santa", ela amou apaixonadamente o bom Jesus, alcançando os cumes mais altos da vida mística. Se dependesse dela, teria preferido viver escondida no anonimato e servir de "vassoura", que está sempre à disposição para limpar. Porém, como ela mesma confessa, o Senhor que para realizar grandes obras costuma escolher pessoas simples e humildes, "não tendo encontrado outro instrumento mais inútil", chamou-a a ser fundadora de duas congregações religiosas: as Servas e os Filhos do Amor Misericordioso, cujo lema e ideal de vida é: "Tudo por amor!". A missão eclesial dessas congregações, no Brasil e no mundo que precisa com urgência de nova evangelização, é continuar o programa da Madre Esperança: "Que todos conheçam a Deus como um Pai bondoso e uma terna Mãe".

Madre Esperança, que teve contatos com cinco papas, com chefes de Estado, políticos e personalidades famosas, que aproximou tantos religiosos e ministros sagrados, que enxugou lágrimas sem fim, que, no Santuário do Amor Misericordioso, como encarregada da portaria, por mais de quinze anos recebeu milhares de peregrinos de todos os lugares e todas as camadas sociais, por experiência pastoral, afirmava que, ainda hoje, muita gente tem medo de Deus, tido como um juiz castigador ou um patrão dominador. Por isso inúmeras pessoas, sobretudo os jovens, os intelectuais e os operários, a respeito da religião, tomam atitudes de hostilidade, indiferença prática, ceticismo ou até mesmo de ateísmo declarado.

Madre Esperança estava convicta de que uma multidão de batizados vive afastada da Igreja porque ainda não experimentou o amor misericordioso do Senhor, que não leva em conta as culpas e ingratidões de seus filhos e filhas, mas as esquece e perdoa. De fato, a Boa-Nova que Jesus nos revela é esta: Deus deseja que todos os seus filhos e filhas sejam felizes. De geração em geração ele é "rico em misericórdia" (Ef 2,4).

No dia 23 de abril de 2002, em Roma, o Sumo Pontífice João Paulo II decretou venerável a serva de Deus Madre Esperança Alhama de Jesus, por ter exercitado de forma heroica as virtudes teologais e cardeais. O processo de canonização, que costuma ser minucioso e demorado, está em andamento. Ficamos na expectativa da definição do magistério da Igreja, a quem cabe declarar bem-aventurada e santa aquela que sempre se subscreveu "escrava (serva) do Amor Misericordioso". Mas, desde já, temos nela um exemplo de santidade atual e convidativo, que nos estimula a seguirmos as pegadas de Jesus como discípulos missionários.

A novena ao Amor Misericordioso apresenta um texto simples, profundo e inspirado. Divulgada mundialmente em vários idiomas, convida a meditarmos o Pai-Nosso, durante nove dias. Consta de uma oração inicial, uma petição e uma oração final. A reza diária, seja individual, seja comunitária, recomendada pela própria Madre Esperança, tem alcançado incontáveis graças e curas, também no Brasil.

Ao final deste pequeno livro, há uma seleção de trechos tirados dos escritos de Madre Esperança, organizados sob os títulos "Gotas de espiritualidade" e "Orações". São pérolas preciosas e alimento sólido para sua reflexão, meditação e oração.

Bom proveito!

Pe. Cláudio Corpetti, fam

Perfil biográfico

Eu, Madre Esperança de Jesus

Olá! Você deve estar com este pequeno livro nas mãos porque gostaria de me conhecer. Vou, então, contar-lhe brevemente algo de minha vida. Assim, conversando, poderemos estreitar nossa amizade.

Minha infância e adolescência

Nasci em 30 de setembro de 1893, em Santomera, na província de Múrcia, uma região pobre e sofrida da Espanha e bastante parecida com o Nordeste brasileiro. Fiquei conhecida como Madre Esperança, mas meu nome de batismo é Maria Josefa, Josefina para os amigos.

Como sabe, a riqueza dos pobres são os filhos e a devoção religiosa. Meu pai, Antônio, lavrador, e minha mãe, Maria Del Carmen, formaram em casa uma família de nove crianças, sendo eu a filha mais velha. Apesar da constante seca, certo dia houve uma enxurrada catastrófica que carregou nossa humilde casinha e também um irmãozinho meu.

Quando criança, gostava muito de brincar e, de vez em quando, aprontava alguma travessura, como toda criança alegre e sadia. Achando-me esperta, os meus familiares me levaram à casa paroquial e ali fui educada pelas duas irmãs do pároco. Foi um presente da Divina Providência aprender a ler, escrever, decorar o Catecismo, enquanto, em troca, oferecia meus serviços de "empregada doméstica mirim". Naquela época, filha de pobre era analfabeta e desde cedo pegava no batente!

Naqueles tempos era costume as crianças fazerem a Primeira Eucaristia com 12 anos, mas aos 9 eu já sentia um grande desejo de receber Jesus. Certo dia, em que a missa estava sendo rezada por um padre de fora, na hora da comunhão, escondidinha, "roubei" uma hóstia santa e pedi ao bom Jesus que ficasse sempre comigo, como "amigo do peito". Dali em diante, de fato, a nossa amizade sempre cresceu.

Acho que tinha uns 12 anos quando, num dia ensolarado, ocorreu comigo um fato estranho e extraordinário. Uma freira carmelita tocou a campainha, mas não quis entrar; apenas deixou para mim um misterioso recado: "Menina, eu vim por parte do bom Deus para comunicar que você terá de continuar a missão que eu iniciei". Era Teresa do Menino Jesus, a Apóstola do Amor Misericordioso. Num piscar de olhos, ela sumiu! Levei um susto enorme e fiquei "encucada"...

Minha juventude e meus sonhos

Todo mundo na aldeia chamava o pároco, Padre Miguel, de Senhor Vigário. Para mim, era como um tio, de quem eu gostava muito e que me ajudava em tudo. Durante aqueles longos anos de convívio, pude apreciar seu zelo pastoral, sua ampla cultura e sua profunda espiritualidade, mas, também, descobri seus defeitos, os desafios e os perigos que rodeiam os pastores de almas.

Fascinada pela vocação religiosa, com 21 anos, no dia 15 de outubro de 1914, deixando minha mãe doente e acamada, saí da minha casa paterna animada pelo vivo desejo de me tornar uma grande santa, como Teresa d'Ávila. Em Villena, na província de Alicante (sudeste da Espanha), entrei no último pobre convento das Filhas do Calvário, em via de extinção. Conviver com monjas "vovozinhas" não foi nada fácil: foram sete anos de verdadeiro... calvário!

Certo dia, estando eu em plena crise vocacional, veio nos visitar Dom Vicente Alonso, Bispo de Cartagena e Múrcia. Escutou-me e, no fim, me disse: "Irmã Esperança de Jesus Agonizante: imagine que você é como uma vassoura, sempre disponível, não se importando em ser bem tratada ou usada de maneira rude". Essas palavras me tocaram fundo na alma e resolvi seguir seu conselho.

Tendo em vista que a nossa comunidade tinha poucas irmãs, foi anexada à Congregação das Missionárias Claretianas. Foi aí que, no dia 21 de novembro de 1921, em Madri, professei os votos perpétuos, recebendo o nome de Madre Esperança de Santiago. Durante nove anos passei por várias casas, tendo como confessor o Padre Antônio Naval, que, notando meu caráter forte e rebelde, para "amansar-me", submeteu-me a provas exóticas e pitorescas. Foi ele que, em 1927, pediu que eu anotasse num diário o que acontecia em minha vida espiritual, para poder melhor me acompanhar e orientar.

Estando em Vélez Rubio, em poucos meses conquistei a confiança das alunas do colégio, mas uma colega, por motivo de ciúme, acusou-me de roubo. A rigorosa disciplina da época previa severas penitências para faltas graves. A superiora, como castigo, obrigou-me a viver reclusa por seis meses numa cela de isolamento. Dali conseguia ver o céu por uma janelinha. Olhando para o crucifixo aprendi a amar e a perdoar.

Agradeço ao Senhor, que me deu um coração para amar e um corpo para sofrer. Passei por graves doenças e cirurgias, chegando à beira da morte, mas, por intercessão do venerável fundador, Padre Claret, milagrosamente recebi a graça da cura.

Durante esses anos, colaborei escrevendo matérias a serem publicadas na revista *La vida sobrenatural*, dirigida pelo dominicano Padre Juan Arintero, que difundia a devoção ao Amor Misericordioso. O bom Jesus me pediu: "Deves trabalhar para que todos conheçam a Deus não como Pai ofendido ou desgostoso pelas ingratidões de seus filhos, e sim como Pai cheio de bondade, que busca por todos os meios a maneira de confortar, ajudar e fazer felizes os seus filhos, que os segue e busca com amor incansável, como se não fosse feliz sem eles".

No dia 24 de fevereiro de 1928, primeira sexta-feira da Quaresma, estando na comunidade da Rua Toledo, em Madri, apareceram os estigmas nas minhas mãos, nos pés e no lado. Essas feridas são dolorosíssimas e não cicatrizam. Por isso, pedi ao bom Jesus que ficassem ocultas para poder continuar trabalhando normalmente. Doutor Carrion, cardiologista, quando viu as chagas e a ferida no coração, ficou alarmadíssimo e solicitou acompanhar-me de carro até a casa, indo muito devagar, porque eu corria o risco de morrer pelo caminho.

O bom Deus permitiu que, nessa época, começassem a manifestar-se vários fenômenos místicos que me acompanharam pelo resto da vida: êxtases, revelações, levitações, bilocações, profecias, línguas, perfumes, curas milagrosas, multiplicações de alimentos e de dinheiro, encontros com os anjos e agressões diabólicas do inimigo infernal. Naturalmente as opiniões divergiam: alguns diziam que eu era uma maníaca histérica; outros, uma falsa mística e, outros ainda, uma santa milagreira. Eu, no entanto, procurava apenas ser uma verdadeira religiosa, fazendo a vontade de Deus a qualquer custo e vivendo cada vez mais unida ao "amado de minha alma". Sentia também um vivo desejo de ajudar os mais necessitados. Porém, a regra não permitia esse tipo de trabalho social.

Aqui começaram dolorosos conflitos internos e desentendimentos com as altas autoridades eclesiásticas. Quando entendi que o Senhor queria servir-se de mim para algo diferente e, portanto, desejava uma nova fundação, aconselhada por meu diretor espiritual, pedi a dispensa dos votos, enquanto era ameaçada de excomunhão e acusada de traição e apostasia. Em novembro de 1930, recebi o "cartão vermelho" de demissão e fiquei livre para a nova missão.

A fundação da Congregação das Servas do Amor Misericordioso

Na noite de Natal de 1930, sozinha, pobre e perseguida como Jesus, nascia a Congregação das Servas do Amor Misericordioso, registrada apenas como associação civil beneficente e sem a bênção oficial da Igreja, porque o Bispo de Madri a hostilizava abertamente. No entanto, foi o próprio Jesus que me ditou a regra da nova Congregação, cujo lema é: "Fazer tudo por amor a nosso Senhor Jesus Cristo".

Diante desta nova tarefa, comecei a chorar como uma criança, sentindo-me totalmente incapacitada.

Disse ao Senhor que tinha mais jeito para "afundadora" do que para "fundadora", mas ele respondeu-me que para os grandes projetos vale-se de instrumentos inúteis. Eu retruquei que, então, ele acertara na mosca!

Iniciamos a nova fundação, eu e três ex-freiras claretianas que me seguiram, numa sala alugada e sem um tostão no bolso, mas prontas para o trabalho.

Estando em Bilbao, a Divina Providência me surpreendeu, colocando ao meu lado a nobre e virtuosa senhorita Maria Pilar de Arratia. Conhecida como "benfeitora universal", ela foi para mim um verdadeiro anjo da caridade que me ajudou em tudo e por tudo. Em poucos anos, na Espanha, abrimos doze casas e prodigiosamente começaram a despertar jovens vocacionadas desejosas de viver a caridade sem limites. Propus a elas este ideal, tendo como modelo Maria, a Serva do Senhor: "Chamem os pobres e serão socorridos; chamem os enfermos e serão assistidos; chamem os órfãos e nas Servas do Amor Misericordioso encontrarão mães".

As guerras e a aventura romana

No dia 1º de maio de 1936 recebi a ordem de partir para Roma. Eclodia a horrível Guerra Civil espanhola, que ensanguentou minha querida pátria. Na periferia romana, em Via Casilina, alugamos um velho colégio e começamos um trabalho generoso com os mais pobres.

Que anos difíceis e abençoados vivemos! Quantas "bombas", dentro e fora de casa! Tive de provar diante do Tribunal do Santo Ofício minha inocência por causa de graves acusações e várias difamações, relacionadas à minha pessoa e à Congregação recém--nascida. Pilar, que viria a falecer em agosto de 1944, foi o meu melhor apoio, uma guerreira ao meu lado. Poderosos inimigos, movidos por ciúme, ambição e interesse econômico, queriam banir a Congregação, mas acabaram sendo nossos maiores benfeitores, porque a Igreja averiguou a verdade, nos amparou e, por fim, aprovou nossas Constituições.

Em Bilbao, corri o perigo de ser fuzilada e, por duas vezes, tentaram envenenar-me com arsênico. Não tinha chegado a minha hora e consegui escapar... por milagre de Deus!

E a Segunda Guerra Mundial? Que época heroica! Os bombardeios que sofremos em agosto de 1943 foram terríveis, causando destruição e morte. Tivemos de socorrer os feridos, proteger os perseguidos, amparar a população aterrorizada nos refúgios subterrâneos e infundir em todos uma grande confiança no Amor Misericordioso. Nos abrigos subterrâneos, rezávamos sem cessar o terço, a novena e a jaculatória: "Meu Senhor e meu Deus, a tua misericórdia nos salve. Teu Amor Misericordioso nos livre desta guerra infernal".

Passada a Guerra, o Senhor pediu-me que organizasse uma cozinha popular, para combater a fome, o analfabetismo e a ignorância religiosa. Não podíamos perder um minuto. A Divina Providência multiplicava os alimentos e nós colocávamos a mão de obra, fazendo "tudo por amor". Chegamos a servir dois mil pratos por dia, cozinhando em tambores, que haviam servido para abastecer os tanques do exército alemão, por falta de panelas.

Para o ano santo de 1950, trabalhando duro como serventes dos pedreiros, finalmente conseguimos concluir a casa geral da Congregação. Nos anos seguintes nasceram novas comunidades na Itália.

A Congregação dos Filhos do Amor Misericordioso

No dia 24 de fevereiro de 1951, o bom Jesus comunicou-me que havia chegado a hora de fundar a Congregação dos Filhos do Amor Misericordioso, e que o primeiro deles seria Alfredo de Penta. Quase enfartei!

Alfredo era o contador da empresa que havia construído a nossa casa. Estava com 37 anos, tinha sido piloto de aviação e jamais passara na cabeça dele a ideia de ser padre ou religioso. Clamei: "Senhor, ele é leigo e aviador. Vamos voar?! Para iniciar a nova Congregação, por que não escolhe um bispo, um monsenhor?...". Jesus respondeu-me: "Ele será um ótimo religioso e, um dia, vai chegar a ser padre". Assim, de fato foi, mas o coitado teve de enfrentar um longo e sofrido calvário.

No dia 15 de agosto, Alfredo de Penta, Padre João Barbagli e o jovem Marino Supini, na capela das Irmãs, em Roma, professaram os votos religiosos nas mãos do Bispo Monsenhor De Sanctis, que, três dias depois, os levou para sua diocese de Todi, perto de Assis, na Úmbria, para assumirem a paróquia de Collevalenza. Para lá, tempos depois eu também me mudei "de mala e cuia". Foi a minha última residência.

Meses depois, passei uma tremenda vergonha, quando os primeiros três foram a Roma para pedir à Sagrada Congregação dos Religiosos a aprovação canônica. "O quê?! Uma mulher querendo fundar uma congregação masculina? Isso não existe na Igreja. Jamais! Nem que fosse Santa Teresa d'Ávila a fazer o pedido!" Mas Deus é grande e "escreve certo por linhas tortas". O número dos filhos foi crescendo e novas comunidades surgindo: Fermo, Perugia, Campobasso, Roma, Macerata... Quando alcançamos os doze primeiros padres, como os Apóstolos de Jesus, fizemos, de ônibus, uma grande romaria de ação de graças até o santuário mariano de Loreto.

A Congregação masculina se compõe de quatro ramos de religiosos: padres; irmãos que exercem tarefas internas e vestem o hábito religioso; irmãos empenhados em atividades seculares, usando traje civil; padres diocesanos com votos religiosos (SDFAM). As Irmãs Servas do Amor Misericordioso estão estruturadas em dois ramos: as que vestem o hábito religioso e as que, sem nenhum sinal externo de consagração, vivem inseridas nas atividades temporais da sociedade.

Como se pode perceber, são ao todo seis modalidades diferentes de pertencer a esta "Família distinta" e, juntamente com a Associação dos Leigos do Amor Misericordioso – Alam, são os apóstolos e as apóstolas que evangelizam mais com as obras de caridade e de misericórdia do que com as palavras. O Senhor confiou-me a tarefa de ser mãe e formadora de muitos filhos e filhas, chamados a santificar-se e a dar glória à Igreja.

Os religiosos têm como missão prioritária, ainda mais urgente hoje em dia, favorecer a união do presbitério e a santidade de vida dos padres diocesanos.

O grandioso e magnífico Santuário do Amor Misericordioso

O Santuário de Collevalenza é a última grande obra que o Senhor me pediu. É o berço e o coração pulsante da Congregação e da Família Religiosa. Foi aqui que vivi os últimos trinta e dois anos, de 1951 a 1983. É um conjunto arquitetônico e artístico grandioso de vários edifícios. A casa dos padres, o seminário, o poço e as piscinas, a casa das irmãs, a grande praça, a casa do peregrino e a monumental via-sacra têm como centro o Santuário do Crucifixo e a magnífica basílica dedicada ao Amor Misericordioso.

O dinheiro para custear tantas obras? O Senhor, que me pediu essa esplêndida obra, foi quem pagou e colocou o "cimento". Nós, sobretudo as irmãs, com a ajuda de benfeitores e peregrinos, trabalhando duro, por anos a fio, fizemos a massa com suor e lágrimas.

O original crucifixo esculpido em madeira policromática representa o Cristo Rei, que se entrega por amor e obtém misericórdia por toda a humanidade.

Durante o dia, por muitos anos, recebi pessoalmente milhares de peregrinos. Quantas confidências e misérias! Quantos sofrimentos! Quantos problemas! Como serva do Senhor, procurei enxugar as lágrimas e tratar as feridas. De noite, sendo eu apenas a porteira do santuário, ajoelhada diante do crucifixo, apresentava a lista ao Senhor e, como insistente pedinte, alcançava as graças de que tanta pobre gente necessitava.

No dia 22 de novembro de 1981, o Papa João Paulo II saiu pela primeira vez do Vaticano após o sangrento atentado do dia 13 de maio, na Praça de São Pedro. De helicóptero, ainda convalescente, veio como peregrino até o Santuário de Collevalenza, para agradecer o Amor Misericordioso e, na festa de Cristo Rei, confirmar a mensagem publicada na Encíclica *Dives in Misericordia*: "Deus rico em misericórdia". Que dia memorável! Que festa! Pude rever um velho amigo e, mesmo na cadeira de rodas, ganhei um beijo papal na fronte!

Serena ancianidade e... reta final

Deus foi tão bom que atendeu até meu derradeiro pedido: viver longamente e passar os últimos anos esquecida e em silêncio orante, também para compensar a fama não merecida de "freira santa" e de ter realizado "grandes obras". O povo gosta de exagerar! Meu desejo era o de poder desmanchar-me, como uma velha "batata mãe" que vai apodrecendo no chão para gerar muitas novas "batatas filhas". Nos últimos tempos, só conseguia me comunicar com os olhos e com o afago das mãos. Para que falar, com quase noventa anos? O que tinha a dizer aos meus amados filhos e filhas já havia deixado escrito e recomendado, inclusive meu testamento espiritual.

Padre Gino e Madre Teófila, superiores-gerais das duas Congregações, ao lado da minha cama, representavam toda a Família religiosa, já adulta, estruturada e presente até no Brasil. Padre Arsênio deu-me os últimos sacramentos, enquanto lá fora nevava e o médico diagnosticava um edema pulmonar agudo. O relógio marcava 8 da manhã do dia 8 de fevereiro de 1983. Estava com o passaporte em dia e as malas prontas... O bom Jesus misericordioso me apareceu inundado de luz e de braços abertos. Embriagada de felicidade, disse a ele: "Jesus, meu esposo, chegou a hora do encontro". Respondeu-me sorrindo: "Esperança, minha esposa, entra na alegria do teu Senhor!".

Para terminar

Aqui no céu a festa não tem fim. Mesmo assim, continuo ajudando como "madre" os meus filhos e filhas que, em terras brasileiras, estão presentes em vários estados: São Paulo, Minas Gerais, Espírito Santo, Bahia, Santa Catarina, Maranhão... Já há até bispos! Mas vivem "apertados".

A África está chamando por missionários e missionárias. As Filipinas já convidaram. A Índia e a China abriram suas fronteiras. Na velha Europa descristianizada urge uma nova evangelização. O mundo globalizado virou uma só paróquia e solicita aos Filhos e às Servas do Amor Misericordioso que plantem no mundo inteiro a bandeira com seu lema: "Tudo por amor".

Força! Ainda estamos no início da missão!

Estimado leitor, querida leitora: paro por aqui. Contei um pouco da minha história. Agora é a sua vez: conte-me algo da sua vida...

MADRE ESPERANÇA DE JESUS

O crucifixo do Amor Misericordioso

Os crucifixos que nós conhecemos geralmente apresentam o Cristo morto e desfigurado da Sexta-Feira Santa. O crucifixo venerado no Santuário do Amor Misericordioso em Collevalenza (Itália), porém, é diferente e original. Madre Esperança mandou esculpi-lo conforme o modelo visto numa revelação.

A obra artística em madeira mostra o bom Jesus ainda vivente. Com olhar sereno para o céu, suplica: "Pai, perdoa-lhes!". No peito dele é visível o coração chamejante com a palavra *Charitas* (Amor divino).

É o Cristo Rei, o Mediador, o Senhor da história, que irá ressuscitar no Domingo da Páscoa. Atrás da cruz é bem visível uma grande hóstia branca a recordar-nos que em cada Eucaristia revivemos o mistério pascal. Aos pés do cruzeiro lemos as palavras do Evangelho: "Amai-vos uns aos outros, como eu vos amei". O Cristo vivente, a Eucaristia e a Palavra são as três características deste original crucifixo e síntese da mensagem divulgada por Madre Esperança e por sua Família Religiosa.

Novena ao Amor Misericordioso

Introdução

Esta novena tão inspirada, escrita por Madre Esperança de Jesus, fundadora da Congregação das Servas e dos Filhos do Amor Misericordioso, é um precioso presente!

Divulgada mundialmente em vários idiomas, representa uma pequena, mas rica síntese de espiritualidade e devoção a Jesus que nos revela um Deus que é "bondoso Pai e terna Mãe".

O texto, simples e profundo, é composto de uma oração de louvor seguida por uma breve reflexão sobre as palavras do Pai-Nosso, meditado no ciclo de nove dias. Cada dia conclui-se com a petição e a oração final.

Rezada diariamente pela Madre Esperança de Jesus e por ela aconselhada, com insistência, tornou-se livro de cabeceira de inúmeras famílias.

A reza diária, confiada e amorosa desta novena tem dois objetivos: a conversão e a santidade de nossa vida cristã, e, sobretudo, a glorificação do Amor Misericordioso, que é mais poderoso do que todo o mal e quer triunfar no mundo inteiro, neste terceiro milênio da Redenção.

Primeiro dia

Sinal da cruz

Em nome do Pai, do Filho e do Espírito Santo. Amém.

Oração preparatória

Meu Jesus, grande é minha dor, vendo que tive a desgraça de te ofender tantas vezes. Tu, porém, com coração de Pai, não só me tens perdoado, mas me convidas a te pedir o que preciso, com tuas palavras: "Pedi e recebereis". Cheio de confiança, recorro ao teu Amor Misericordioso, para que me concedas o que te peço nesta novena e, sobretudo, a graça de melhorar o meu comportamento e, doravante, demonstrar minha fé com minhas obras, vivendo segundo teus preceitos, e arder no fogo de tua caridade.

Meditação sobre as palavras do Pai-Nosso

Pai é o título que corresponde a Deus, porque a ele devemos o ser natural recebido na criação e o ser sobrenatural da graça, com o que nos faz filhos adotivos. Quer que o chamemos Pai, para que, como filhos, o amemos, lhe obedeçamos e o reverenciemos, e também para despertar em nós os sentimentos de amor e confiança de que alcançaremos o que lhe pedimos.

Nosso, porque não tendo Deus mais que um Filho único, por sua infinita caridade, quis ter muitos filhos adotivos a quem comunicar suas riquezas; e, para que, tendo todos nós o mesmo Pai, como irmãos, nos amássemos uns aos outros.

Petição

Meu Jesus, a ti recorro nesta tribulação. Se tu queres usar de tua clemência para com esta tua miserável criatura, triunfe tua bondade e, por teu amor e misericórdia, perdoa minhas culpas. Ainda que indigno de conseguir o que te peço, satisfaz meus desejos, se for para a tua glória e o bem de minha alma. Em tuas mãos me coloco. Faze de mim como for do teu agrado.

(Peçamos a graça que desejamos alcançar com esta novena.)

Oração

Meu Jesus, sê tu meu Pai, guarda e guia em minha peregrinação, para que eu não seja perturbado nem erre o caminho que a ti conduz. E tu, minha Mãe, que com tuas delicadas mãos criaste o Bom Jesus e dele cuidaste, educa-me e ajuda-me no cumprimento de meus deveres, conduzindo-me pelos caminhos dos mandamentos, e dize por mim a Jesus: "Recebe este filho, eu o recomendo a ti com toda a insistência do meu maternal coração".

Pai-Nosso, Ave-Maria e Glória ao Pai.

Jaculatória

Meu Senhor e meu Deus, a tua misericórdia nos salve, o teu Amor Misericordioso nos livre de todo mal.

Segundo dia

Sinal da cruz

Em nome do Pai, do Filho e do Espírito Santo. Amém.

Oração preparatória

Meu Jesus, grande é minha dor, vendo que tive a desgraça de te ofender tantas vezes. Tu, porém, com coração de Pai, não só me tens perdoado, mas me convidas a te pedir o que preciso, com tuas palavras: "Pedi e recebereis". Cheio de confiança, recorro ao teu Amor Misericordioso, para que me concedas o que te peço nesta novena e, sobretudo, a graça de melhorar o meu comportamento e, doravante, demonstrar minha fé com minhas obras, vivendo segundo teus preceitos, e arder no fogo de tua caridade.

Meditação sobre as palavras do Pai-Nosso

Que estais nos céus. Dizemos *que estais nos céus* para que, ainda que Deus esteja em todo lugar, como Senhor do céu e da terra, a consideração do céu nos mova a amá-lo com maior reverência e, vivendo nesta vida como peregrinos, aspiremos às coisas celestiais.

Petição

Meu Jesus, a ti recorro nesta tribulação. Se tu queres usar de tua clemência para com esta tua miserável criatura, que triunfe tua bondade e, por teu amor e misericórdia, perdoa minhas culpas. Ainda que indigno de conseguir o que te peço, satisfaz meus desejos, se for para a tua glória e o bem de minha alma. Em tuas mãos me coloco. Faze de mim como for do teu agrado.

(Peçamos a graça que desejamos alcançar com esta novena.)

Oração

Meu Jesus, sei que tu levantas os caídos, tiras do cárcere os presos, não desprezas a nenhum aflito e olhas com amor e misericórdia a todos os necessitados. Por isso, rogo-te que me ouças, pois estou necessitado de tratar contigo da saúde da minha alma e de receber teus salutares conselhos. Meus pecados me assustam, meu Jesus; envergonho-me de minhas ingratidões e desconfianças e tenho grande temor do tempo que me destes para fazer o bem e que eu desperdicei, e o que é pior, ofendendo-te. A ti, Senhor, recorro, porque tu tens palavras de vida eterna.

Pai-Nosso, Ave-Maria e Glória ao Pai.

Jaculatória

Meu Senhor e meu Deus, a tua misericórdia nos salve, o teu Amor Misericordioso nos livre de todo mal.

Terceiro dia

Sinal da cruz

Em nome do Pai, do Filho e do Espírito Santo. Amém.

Oração preparatória

Meu Jesus, grande é minha dor, vendo que tive a desgraça de te ofender tantas vezes. Tu, porém, com coração de Pai, não só me tens perdoado, mas me convidas a te pedir o que preciso, com tuas palavras: "Pedi e recebereis". Cheio de confiança, recorro ao teu Amor Misericordioso, para que me concedas o que te peço nesta novena e, sobretudo, a graça de melhorar o meu comportamento e, doravante, demonstrar minha fé com minhas obras, vivendo segundo teus preceitos, e arder no fogo de tua caridade.

Meditação sobre as palavras do Pai-Nosso

Santificado seja o vosso nome é a primeira coisa que temos a desejar, a primeira coisa que temos a pedir na oração, a intenção que deve presidir todas as nossas obras e ações. Que Deus seja conhecido, amado, servido e adorado, e a seu poder se submeta toda criatura.

Petição

Meu Jesus, a ti recorro nesta tribulação. Se tu queres usar de tua clemência para com esta tua miserável criatura, que triunfe tua bondade e, por teu amor e misericórdia, perdoa minhas culpas. Ainda que indigno de conseguir o que te peço, satisfaz meus desejos, se for para a tua glória e o bem de minha alma. Em tuas mãos me coloco. Faze de mim como for do teu agrado.

(Peçamos a graça que desejamos alcançar com esta novena.)

Oração

Meu Jesus, abre-me as portas de tua piedade; imprime em mim o selo de tua sabedoria. Que eu me veja livre de todo sentimento ilícito. Faze com que eu te sirva com amor, alegria e sinceridade e que, confortado com o suave aroma de tua divina Palavra e de teus mandamentos, possa sempre progredir nas virtudes.

Pai-Nosso, Ave-Maria e Glória ao Pai.

Jaculatória

Meu Senhor e meu Deus, a tua misericórdia nos salve, o teu Amor Misericordioso nos livre de todo mal.

Quarto dia

Sinal da cruz

Em nome do Pai, do Filho e do Espírito Santo. Amém.

Oração preparatória

Meu Jesus, grande é minha dor, vendo que tive a desgraça de te ofender tantas vezes. Tu, porém, com coração de Pai, não só me tens perdoado, mas me convidas a te pedir o que preciso, com tuas palavras: "Pedi e recebereis". Cheio de confiança, recorro ao teu Amor Misericordioso, para que me concedas o que te peço nesta novena e, sobretudo, a graça de melhorar o meu comportamento e, doravante, demonstrar minha fé com minhas obras, vivendo segundo teus preceitos, e arder no fogo de tua caridade.

Meditação sobre as palavras do Pai-Nosso

Venha a nós o vosso Reino. Neste pedido, rogamos a Deus que venha a nós ou nos envie sua graça e os favores do Céu, o Reino dos justos e da glória, onde ele reina pacificamente com os bem-aventurados. Portanto, pedimos, também, o fim do reino do pecado, do demônio e das trevas.

Petição

Meu Jesus, a ti recorro nesta tribulação. Se tu queres usar de tua clemência para com esta tua miserável criatura, triunfe tua bondade e, por teu amor e misericórdia, perdoa minhas culpas. Ainda que indigno de conseguir o que te peço, satisfaz meus desejos, se for para a tua glória e o bem de minha alma. Em tuas mãos me coloco. Faze de mim como for do teu agrado.

(Peçamos a graça que desejamos alcançar com esta novena.)

Oração

Senhor, tem misericórdia de mim e faze-me à medida de teu coração. Tem misericórdia de mim, meu Deus, e livra-me de tudo o que me impede de chegar a ti. Faze que na hora de minha morte minha alma não ouça uma sentença terrível, senão as salutares palavras de tua voz: "Vem, bendito de meu Pai", e que se alegre a minha alma com a visão de teu rosto.

Pai-Nosso, Ave-Maria e Glória ao Pai.

Jaculatória

Meu Senhor e meu Deus, a tua misericórdia nos salve, o teu Amor Misericordioso nos livre de todo mal.

Quinto dia

Sinal da cruz

Em nome do Pai, do Filho e do Espírito Santo. Amém.

Oração preparatória

Meu Jesus, grande é minha dor, vendo que tive a desgraça de te ofender tantas vezes. Tu, porém, com coração de Pai, não só me tens perdoado, mas me convidas a te pedir o que preciso, com tuas palavras: "Pedi e recebereis". Cheio de confiança, recorro ao teu Amor Misericordioso, para que me concedas o que te peço nesta novena e, sobretudo, a graça de melhorar o meu comportamento e, doravante, demonstrar minha fé com minhas obras, vivendo segundo teus preceitos, e arder no fogo de tua caridade.

Meditação sobre as palavras do Pai-Nosso

Seja feita a vossa vontade, assim na terra como nos céus. Aqui pedimos que a vontade de Deus seja feita em todas as criaturas, com perseverança e fortaleza, com pureza e perfeição, e que seja cumprida por qualquer modo e via que se conheça.

Petição

Meu Jesus, a ti recorro nesta tribulação. Se tu queres usar de tua clemência para com esta tua miserável criatura, triunfe tua bondade e, por teu amor e misericórdia, perdoa minhas culpas. Ainda que indigno de conseguir o que te peço, satisfaz meus desejos, se for para a tua glória e o bem de minha alma. Em tuas mãos me coloco. Faze de mim como for do teu agrado.

(Peçamos a graça que desejamos alcançar com esta novena.)

Oração

Dá-me, meu Jesus, uma fé viva e faze que eu cumpra fielmente teus divinos mandamentos e que meu coração, cheio de teu amor e caridade, corra pelo caminho de teus preceitos. Faze-me saborear a suavidade de teu Espírito e ter fome de cumprir tua divina vontade, para que meu pobre serviço sempre te seja aceito e agradável. Abençoe-me, meu Jesus, a onipotência do Pai. Abençoe-me tua sabedoria. Dê-me sua bênção a benigníssima caridade do Espírito Santo e me guarde para a vida eterna.

Pai-Nosso, Ave-Maria e Glória ao Pai.

Jaculatória

Meu Senhor e meu Deus, a tua misericórdia nos salve, o teu Amor Misericordioso nos livre de todo mal.

Sexto dia

Sinal da cruz

Em nome do Pai, do Filho e do Espírito Santo. Amém.

Oração preparatória

Meu Jesus, grande é minha dor, vendo que tive a desgraça de te ofender tantas vezes. Tu, porém, com coração de Pai, não só me tens perdoado, mas me convidas a te pedir o que preciso, com tuas palavras: "Pedi e recebereis". Cheio de confiança, recorro ao teu Amor Misericordioso, para que me concedas o que te peço nesta novena e, sobretudo, a graça de melhorar o meu comportamento e, doravante, demonstrar minha fé com minhas obras, vivendo segundo teus preceitos, e arder no fogo de tua caridade.

Meditação sobre as palavras do Pai-Nosso

O pão nosso de cada dia nos dai hoje. Aqui pedimos o pão excelentíssimo, o Santíssimo Sacramento, o sustento habitual de nossa alma, que é a graça, os sacramentos e as inspirações do céu, o sustento necessário para conservar a vida do corpo, que se deve procurar com moderação. Chamamos *nosso* ao Pão Eucarístico, porque se destina à nossa necessidade e porque nosso Redentor se nos dá a si mesmo na Comunhão. Dizemos *de cada dia* para demonstrar a dependência cotidiana que temos de Deus em tudo, no corpo e na alma, em cada hora e em cada momento. Dizendo *dai-nos hoje*, exercitamos um ato de caridade, pedindo para todos os seres humanos e sem ansiedades pelo amanhã.

Petição

Meu Jesus, a ti recorro nesta tribulação. Se queres usar de tua clemência para com esta tua miserável criatura, triunfe tua bondade e, por teu amor e misericórdia, perdoa minhas culpas. Ainda que indigno de conseguir o que te peço, satisfaz meus desejos, se for para a tua glória e o bem de minha alma. Em tuas mãos me coloco. Faze de mim como for do teu agrado.

(Peçamos a graça que desejamos alcançar com esta novena.)

Oração

Meu Jesus, tu que és fonte de vida, dá-me a beber da água viva que jorra de ti mesmo para que, saboreando--te, não tenha mais sede senão de ti. Mergulha-me todo no abismo de teu amor e misericórdia e renova-me com teu sangue preciosíssimo, com o qual me redimiste. Lava, com a água de teu santíssimo lado, todas as manchas com que sujei a bela veste da inocência que me deste no Batismo. Enche-me, meu Jesus, de teu Santo Espírito e possui-me limpo de corpo e alma.

Pai-Nosso, Ave-Maria e Glória ao Pai.

Jaculatória

Meu Senhor e meu Deus, a tua misericórdia nos salve, o teu Amor Misericordioso nos livre de todo mal.

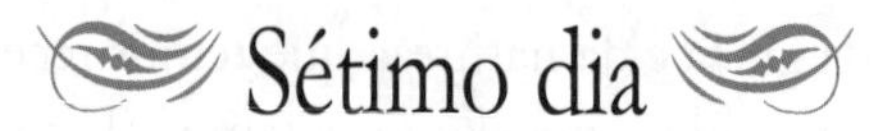

Sétimo dia

Sinal da cruz

Em nome do Pai, do Filho e do Espírito Santo. Amém.

Oração preparatória

Meu Jesus, grande é minha dor, vendo que tive a desgraça de te ofender tantas vezes. Tu, porém, com coração de Pai, não só me tens perdoado, mas me convidas a te pedir o que preciso, com tuas palavras: "Pedi e recebereis". Cheio de confiança, recorro ao teu Amor Misericordioso, para que me concedas o que te peço nesta novena e, sobretudo, a graça de melhorar o meu comportamento e, doravante, demonstrar minha fé com minhas obras, vivendo segundo teus preceitos, e arder no fogo de tua caridade.

Meditação sobre as palavras do Pai-Nosso

Perdoai-nos as nossas ofensas, assim como nós perdoamos a quem nos tem ofendido. Pedimos a Deus que nos perdoe as nossas ofensas, que são os pecados e as penas devidas por eles. Uma pena enorme que nunca poderemos pagar, senão com o sangue do bom Jesus, com os dons da graça e da natureza que temos recebido de Deus e com tudo o que somos e temos. Também nos comprometemos, neste pedido, a perdoar aos nossos próximos as ofensas que eles cometeram contra nós, mas não nos vingando, e sim esquecendo as injúrias e ofensas feitas contra nós. Dessa forma, Deus põe em nossas mãos o juízo que se há de fazer de nós, pois, se perdoarmos, nos perdoará; mas se não perdoarmos aos demais, ele também não nos perdoará.

Petição

Meu Jesus, a ti recorro nesta tribulação. Se tu queres usar de tua clemência para com esta tua miserável criatura, triunfe tua bondade e, por teu amor e misericórdia, perdoa minhas culpas. Ainda que indigno de conseguir o que te peço, satisfaz meus desejos, se for para a tua glória e o bem de minha alma. Em tuas mãos me coloco. Faze de mim como for do teu agrado.

(Peçamos a graça que desejamos alcançar com esta novena.)

Oração

Meu Jesus, sei que tu chamas a todos sem exceção, habitas nos humildes, amas aos que te amam, julgas a causa do pobre, te compadeces de todos e nada odeias de quanto teu poder criou. Não consideras as faltas dos seres humanos, mas aguardas que façam penitência, e recebes o pecador com amor e misericórdia. Abre também a mim, Senhor, o manancial da vida; concede-me o perdão e aniquila em mim tudo quanto se opõe à tua divina lei.

Pai-Nosso, Ave-Maria e Glória ao Pai.

Jaculatória

Meu Senhor e meu Deus, a tua misericórdia nos salve, o teu Amor Misericordioso nos livre de todo mal.

Oitavo dia

Sinal da cruz

Em nome do Pai, do Filho e do Espírito Santo. Amém.

Oração preparatória

Meu Jesus, grande é minha dor, vendo que tive a desgraça de te ofender tantas vezes. Tu, porém, com coração de Pai, não só me tens perdoado, mas me convidas a te pedir o que preciso, com tuas palavras: "Pedi e recebereis". Cheio de confiança, recorro ao teu Amor Misericordioso, para que me concedas o que te peço nesta novena e, sobretudo, a graça de melhorar o meu comportamento e, doravante, demonstrar minha fé com minhas obras, vivendo segundo teus preceitos, e arder no fogo de tua caridade.

Meditação sobre as palavras do Pai-Nosso

Não nos deixeis cair em tentação. Ao rogar ao Senhor *Não nos deixeis cair em tentação*, reconhecemos que ele permite a tentação para nosso proveito, nossa fraqueza para vencê-la, a fortaleza divina para nossa vitória, e que o Senhor não nega sua graça a ninguém que faz a sua parte para vencer os poderosos inimigos. Com o apelo: *Não nos deixeis cair em tentação*, pedimos que não contraiamos novas dívidas, além das que já temos.

Petição

Meu Jesus, a ti recorro nesta tribulação. Se tu queres usar de tua clemência para com esta tua miserável criatura, triunfe tua bondade e, por teu amor e misericórdia, perdoa minhas culpas. Ainda que indigno de conseguir o que te peço, satisfaz meus desejos, se for para a tua glória e o bem de minha alma. Em tuas mãos me coloco. Faze de mim como for do teu agrado.

(Peçamos a graça que desejamos alcançar com esta novena.)

Oração

Meu Jesus, sê tu o amparo e consolo de minha alma, serve-me de defesa em toda tentação e cobre-me com o escudo de tua verdade. Sê meu companheiro e minha esperança, defesa e proteção contra todos os perigos da alma e do corpo. Guia-me no extenso mar deste mundo e digna-te consolar-me nesta tribulação. Sirva-me de seguríssimo porto o abismo de teu amor e misericórdia e, assim, poderei ver-me livre das tramas do demônio.

Pai-Nosso, Ave-Maria e Glória ao Pai.

Jaculatória

Meu Senhor e meu Deus, a tua misericórdia nos salve, o teu Amor Misericordioso nos livre de todo mal.

Nono dia

Sinal da cruz

Em nome do Pai, do Filho e do Espírito Santo. Amém.

Oração preparatória

Meu Jesus, grande é minha dor, vendo que tive a desgraça de te ofender tantas vezes. Tu, porém, com coração de Pai, não só me tens perdoado, mas me convidas a te pedir o que preciso, com tuas palavras: "Pedi e recebereis". Cheio de confiança, recorro ao teu Amor Misericordioso, para que me concedas o que te peço nesta novena e, sobretudo, a graça de melhorar o meu comportamento e, doravante, demonstrar minha fé com minhas obras, vivendo segundo teus preceitos, e arder no fogo de tua caridade.

Meditação sobre as palavras do Pai-Nosso

Mas livrai-nos do mal. Roguemos que Deus nos livre de todo mal, isto é, dos males da alma e do corpo, eternos e temporais, passados, presentes e futuros; pecados, vícios e paixões desordenadas; más inclinações, espírito de ira e de soberba. E concluímos dizendo *Amém*, com veemência, afeto e confiança, pois Deus quer e manda que o peçamos assim.

Petição

Meu Jesus, a ti recorro nesta tribulação. Se tu queres usar de tua clemência para com esta tua miserável criatura, triunfe tua bondade e, por teu amor e misericórdia, perdoa minhas culpas. Ainda que indigno de conseguir o que te peço, satisfaz meus desejos, se for para a tua glória e o bem de minha alma. Em tuas mãos me coloco. Faze de mim como for do teu agrado.

(Peçamos a graça que desejamos alcançar com esta novena.)

Oração

Meu Jesus, lava-me com o sangue de teu divino lado e devolve-me limpo à vida de tua graça. Entra, Senhor, na minha pobre morada e descansa comigo. Acompanha-me no perigoso caminho que percorro, para que não me perca. Alenta, Senhor, a fraqueza de meu espírito e consola as angústias de meu coração, dizendo-me que, por tua misericórdia, não deixarás de me amar um só momento e que sempre estarás comigo.

Pai-Nosso, Ave-Maria e Glória ao Pai.

Jaculatória

Meu Senhor e meu Deus, a tua misericórdia nos salve, o teu Amor Misericordioso nos livre de todo mal.

Gotas de espiritualidade

Temos aqui, como amostra, uma pequena seleção de trechos tirados dos escritos da Madre Esperança de Jesus, juntamente com a sugestão de algumas passagens bíblicas. São pérolas preciosas e alimento sólido para sua reflexão e oração.

Deus é um Pai bondoso

"Devo chegar a fazer com que as pessoas conheçam a Deus não como um Pai ofendido pelas ingratidões de seus filhos, e sim como um Pai bondoso que busca, por todos os meios, uma maneira de confortar, ajudar e fazer feliz esses filhos, e que os segue e busca com amor incansável, como se não pudesse ser feliz sem eles."

Leituras sugeridas: Ex 32,7-14; Sl 103,13-14; Lc 15,20-24.

Deus é uma carinhosa Mãe

"O homem mais perverso, o mais miserável e até mesmo o mais perdido, é amado por Jesus com ternura imensa. Jesus é para ele como um bondoso Pai e uma terna Mãe. Eu comparo o amor de Jesus ao coração humano. Este envia o sangue até as extremidades do corpo, distribuindo a vida inclusive aos membros mais humildes. De igual maneira são as pulsações do amor misericordioso. O coração de Jesus pulsa com imenso amor por todos os seres humanos; bate pelas almas tíbias e pelos pecadores; pelas almas santas e fervorosas; pelos infiéis e pelos hereges. Bate pelos moribundos, pelas almas do purgatório e pelas almas bem-aventuradas a quem glorifica no céu."

Leituras sugeridas: Is 49,14-15; Sl 136; Lc 15,8-10.

Deus rico em misericórdia

"Nestes tempos em que o inferno luta para arrancar Jesus do coração das pessoas, é necessário fazer o possível para que o ser humano experimente o amor misericordioso de Jesus e veja nele um Pai bondoso, que arde de amor para com todos; que se oferece a morrer numa cruz para que o homem, que ele ama, possa viver."

Leituras sugeridas: Ef 2,4-5; Sl 145; Jo 20,19-31.

Os filhos pródigos são os preferidos de Deus

"O Pai recebeu o filho perdido com muita alegria. Enxergou-o de longe e, movido de misericórdia, começou a correr em sua direção, lançou-se-lhe ao pescoço e o beijou. Deus antecipa-se em receber a alma pecadora e arrependida, abraçando-a com amor e, sem jogar-lhe na cara suas faltas, cumula-a de graças e de dons."

Leituras sugeridas: Jr 31,3; Sl 130; Lc 15,11-32.

A festa ao final

"Meu Jesus, todos te conheçam e amem e na hora da morte estejam seguros de que os espera não um juiz rígido para condená-los, e sim um terno Pai, cheio de amor e misericórdia, que não leva em conta as misérias e as faltas de seus filhos, mas as perdoa e esquece."

Leituras sugeridas: 1Jo 3,1-2; Sl 32; Jo 17,24-26.

O sacramento da alegria do perdão

"Não tenhamos medo de confessar nossas misérias. Mesmo que não o vejamos, Jesus está no lugar do sacerdote para dar-nos, como o pai do filho pródigo, seu perdão e seu abraço. Não tenhamos temor, pois é tão grande o amor e o carinho com que o Senhor acolhe as almas arrependidas, que seríamos tentados a dizer: 'Senhor, se o pecado não te ofendesse, até eu gostaria de pecar para receber o mesmo tratamento do pecador arrependido!'."

Leituras sugeridas: Is 1,2-6.15-18; Sl 32; 1Jo 1,5-13.

A Eucaristia: o pão nosso de cada dia

"Jesus, no cume de seu amor pelo ser humano, quis ficar presente na Eucaristia para unir-se a nós e transformar-nos nele."

Leituras sugeridas: Gn 14,18-20; 1Cor 11,23-26; Jo 6,51-58.

O mandamento novo da caridade

"Sem a caridade para com o próximo, não há sombra de perfeição nem de santidade. A santidade consiste essencialmente no amor de Jesus, que tem como parte substancial o amor para com os nossos semelhantes. De tal forma, para saber se de verdade amamos a Jesus, é só ver se em nosso coração arde a chama da caridade pelo próximo."

Leituras sugeridas Dt 6,4-13; Sl 145; 1Jo 4,16-21; Jo 15,12-17.

A necessidade da oração

"Sendo que temos tantos inimigos do corpo e da alma, a oração é o canal por onde nos vêm as forças para o combate. Nosso Deus determinou conceder-nos as suas graças mediante a oração; portanto, um cristão sem oração é como um soldado que parte para a guerra sem as armas."

Leituras sugeridas: Gn 18,20-32; Sl 62; Rm 8,14-17; Lc 11,1-13.

Jesus nos dá Maria, Mãe da Misericórdia

"Jesus, que conhece as necessidades do coração humano, deu-nos como mãe a sua própria Mãe, tendo experimentado antes ele, na cruz, o heroísmo, a fidelidade, o amor e a presença encorajadora de Maria. Acorramos, portanto, a ela com carinho e confiança filial, tendo presente que Jesus, entregando-nos a puríssima Virgem, dotou o coração dela de misericórdia maternal."

Leituras sugeridas: Is 7,10-14; Sl 44; Gl 4,47; Jo 19,25-27.

Orações e canto

Jaculatória ao Amor Misericordioso

Meu Senhor e meu Deus, a tua misericórdia nos salve e o teu Amor Misericordioso nos livre de todo mal.

Oração pela família

Meu Senhor e meu Deus, por teu amor e por tua misericórdia, abençoa a nossa casa e toda a família. Protege com carinho cada um de nós. Consola tanta gente sofrida. Cura estes filhos teus de toda doença que a ciência humana não consegue curar. Ajuda-nos para que sempre possamos conservar a nossa vida pura de todo pecado grave. Torna-nos perseverantes na vocação, fiéis à nossa consagração batismal e disponíveis para a missão evangelizadora na Igreja. Dá-nos coragem na transformação de nossa injusta sociedade e que reinem, enfim, o teu amor e a tua misericórdia que a Madre Esperança anunciou e "sonhou" que triunfassem no mundo inteiro. Amém.

Oração pelos sacerdotes

Meu Jesus, hoje te peço que não te esqueças dos sacerdotes do mundo inteiro, pelos quais eu desejo viver como vítima.

Ó meu Jesus, ilumina-os com tua claridade para que entendam e experimentem o vazio e o nada das realidades humanas e atraí-os a ti, revelando-te a eles como Pai amoroso e fonte de todos os bens.

Dá, meu Jesus, à vontade de todos eles, a força e a constância de que necessitam para não desejar nada fora de ti.

Ajuda-me, meu Jesus, para que nunca eu te dê desgosto, mas faça em todo momento a tua divina vontade. Amém.

Oração pelas vocações religiosas

Senhor, se queres que nos estendamos por todo o mundo, manda-nos muitas vocações. Não de gente culta, mas de jovens que queiram santificar-se, vivendo só para ti, para a tua glória e para a missão.

E faz, meu Jesus, com que a Congregação cresça cada vez mais pelas raízes das virtudes do que pelos ramos das fundações. Amém.

Oração de cura das doenças

Meu Senhor e meu Deus, por teu amor e por tua misericórdia, livra-nos de toda enfermidade, sobretudo das doenças que a ciência humana não consegue curar.

Concede-nos tua ajuda para que conservemos sempre pura nossa alma de todo pecado grave. Amém.

Súplica a Maria Medianeira

Minha Mãe, vós que estais continuamente com os braços estendidos, implorando ao vosso divino Filho misericórdia e compaixão para todo necessitado, rogai-lhe que me dê seu santo amor, seu santo temor e sua santa graça, e que jamais eu cometa pecado mortal. Pedi-lhe que tire minha vida antes que chegue a ofendê-lo.

Concedei-me, minha Mãe, a grande graça de sentir, pelo bom Jesus, o amor e a confiança que têm sentido e sentem as almas santas, aumentando minha fé, esperança e caridade. E vós, minha Mãe, ensinai-me a fazer sempre a vossa divina vontade.

Abençoai, Virgem Maria, toda a minha família e livrai-a de todo mal. Ajudai os pobres agonizantes e pedi a seu divino Filho que os perdoe e livre do tormento do inferno.

Intercedei, minha Mãe, diante do vosso divino Filho, para que abrande sua ira, sua justiça e seu rigor, e livre o mundo inteiro do grande castigo que todos merecemos.

Rogai, minha Mãe, por nossa pátria amada; livrai-a dos males que a ameaçam e desfazei os planos de seus inimigos, que são os inimigos de Jesus.

Por último, peço-vos, minha Mãe, derramai em nossa alma os raios luminosos da misericórdia do bom Jesus e permanecei bem perto de mim em todos os momentos da minha vida. Amém.

Um recado de Madre Esperança

(Letra e música: ITA)

Amados filhos e filhas, queiram me escutar,
um pouco da minha vida vou lhes contar.
Nasci de uma família pobre em um barracão,
mas muito cedo despertou a minha vocação.
Meu bom Jesus me reservou uma grande missão:
cuidar do pobre que não tinha nem lar nem pão.
Teresinha de Jesus me ensinou a estrada
e pelas suas mãos iniciei a caminhada. (2x)

Tudo por amor, tudo por amor, tudo por amor
ao irmão e ao meu Senhor. (2x)

Consagrar-me ao Senhor e me santificar
era tudo o que eu queria e tive que lutar.
E quando eu não suportava o peso da cruz,
bem ao meu lado me ajudando
estava o meu Jesus.
Santa Mãe Medianeira nunca me deixou,
minha vida, meus projetos ela abençoou.
Com muita fé no bom Jesus e tantas orações
a este mundo eu entreguei duas congregações. (2x)

Tudo por amor... (2x)

A nossa vida aqui na terra sentido tem,
se vivermos para os outros praticando o bem,
e Deus nos dá a recompensa com sua bondade,
pois Deus não é juiz severo, ele é caridade.
Amados filhos e filhas, só pra terminar:
se vocês querem me seguir é só acreditar.
Que Deus é uma terna Mãe e um Pai bondoso,
e viver a missão do Amor Misericordioso. (2x)

Tudo por amor... (2x)

Oração para obter graças pela intercessão de Madre Esperança de Jesus e por sua beatificação

Pai de Misericórdia e Deus de toda consolação, nós te damos graças porque, por meio da vida e da palavra de Madre Esperança de Jesus, nos chamas ao teu Amor Misericordioso. Dai-nos a mesma confiança que ela tinha em teu amor terno e paternal e a mesma solicitude que ela mostrava com os mais pobres e pecadores. E, se está nos teus desígnios glorificar sobre a terra a Madre Esperança, serva do teu Amor Misericordioso, através de sua intercessão, concede-nos a graça que ardentemente imploramos (*fazer o pedido*). Nós te pedimos, confiando na ajuda de Maria Santíssima, Medianeira daquela misericórdia que queremos cantar eternamente. Amém.

Caso seja agraciado pela intercessão
de Madre Esperança, envie seu testemunho para:
Recanto Esperança
Rua José Benedito dos Santos, 935 – Vila Brasileira
08738-206 – Mogi das Cruzes – SP

Se você sente-se chamado por Deus para anunciar o seu Amor Misericordioso, entre em contato: <www.amormisericordioso.org>.

Filhos do Amor Misericordioso
e-mail: <famvocacional@yahoo.com.br>

Recanto Esperança
Rua José Benedito dos Santos, 935 – Vila Brasileira
08738-206 – Mogi das Cruzes – SP
Tel.: (11) 4727-4160

Casa Ave Maria
Rua Bady Geara, 1065 – Santa Efigênia
36032-000 – Juiz de Fora – MG
Tel.: (32) 3234-3928

Servas do Amor Misericordioso
e-mail: <sampvocacional@yahoo.com.br>

Noviciado das Servas do Amor Misericordioso
Rua Vicente Antônio Grisaro, 2 – Santa Teresa
08743-310 – Mogi das Cruzes – SP
Tel. (11) 4727-3163

Servas do Amor Misericordioso
Rua Teixeira Mendes, 45 – Centro
65700-000 – Bacabal – MA
Tel. (99) 3621-1280

Família Religiosa do Amor Misericordioso

Encontro de confraternização em Jaciguá (ES)

Sumário

Impresso na gráfica da
Pia Sociedade Filhas de São Paulo
Via Raposo Tavares, km 19,145
05577-300 - São Paulo, SP - Brasil - 2011